Joseph von Sonnenfels

Von dem Verdienste des Portraitmalers in einer ausserordentlichen Versammlung

Joseph von Sonnenfels

Von dem Verdienste des Portraitmalers in einer ausserordentlichen Versammlung

ISBN/EAN: 9783743406391

Hergestellt in Europa, USA, Kanada, Australien, Japan

Cover: Foto ©ninafisch / pixelio.de

Weitere Bücher finden Sie auf **www.hansebooks.com**

Von
dem Verdienste
des
Portraitmalers

in
einer außerordentlichen Versammlung der k. k. freyen
Zeichnung - und Kupferstecherakademie am
23. Septemb. 1768.
gelesen
von
Joseph von Sonnenfels
der Akademie der Künste zu Bologna, und der k. k. Zeichnung - und Kupferstecherakademie in Wien
Mitglied: ꝛc.

Aristides thebanus animum pinxit, & Sensus omnes ex-
pressit.

Wien 1768.
Bey Joseph Kurzböck, Universitätsbuchdrucker auf dem Hofe.

Der k. k. Zeichnung, und Kupferstecherakademie,

zum

Aufnahmstücke

gewidmet

von dem Verfasser.

Omnes tacito quodam sensu sine ulla ratione aut arte quæ sunt in artibus, recta ac prava, dijudicant.

Cicero.

Die Malerey, deren Erfindung in der Geschichte des menschlichen Verstandes eine so denkwürdige Epoche ausmachet, die zur Zierde und Vergnügen

A 2 der

der Welt so Vieles beyträgt, verdiente in allen ihren Theilen geschätzt zu werden. Das Alterthum hat die Namen derjenigen dankbar in dem Tempel der Unvergeßlichkeit aufgezeichnet, welche durch eine, auch nur geringe Vorrückung ihre Vollkommenheit beförderten. Die Malerey sagt Plinius * ist dem Polygnotus von Thasus sehr Vieles schuldig: denn, er verfiel zu erst darauf, seinen Figuren den Mund zu öffnen, die Zähne zu zeigen, und in den Gesichtszügen von der steifen Manier seiner Vorgänger abzuweichen. Wir wissen aus dem Quintilian ** daß Kleophant von Korinth den Gebrauch der Farben, Apppollodor, und nach ihm hauptsächlich Zeuris Licht und

Schat-

* XXXV. Buch 9. Hauptst.
** XII. Buch 10. Hauptst.

Schatten, daß Praxiteles die Ordonanz und Vertheilung der Figuren auf verschiedene Gründe, eingeführet habe.

Durch welche Ungerechtigkeit unsrer Zeiten geschieht es denn, daß derjenige Theil der Kunst, der gewissermassen als die Grundlage der übrigen angesehen werden muß, nicht bloß nicht unterschieden, sondern ungeachtet, sondern geringeschätzt wird?

Ich rede von derjenigen Gleichgültigkeit und Geringschätzung, welche Kenner und Kunstgenossen gegen das Talent, oder, wie sie es lieber nennen, Glück, an Tag legen, die Aehnlichkeit eines Gesichtes zu treffen: ich rede von dem niedern Range, der dem Porträtmaler insgemein angewiesen wird, über welchen der Historienmaler, der

Battaglienmaler, der Landschaftmaler, der Vieh- und Blumenmaler zuverſichtlich den Schritt nehmen, und ihm wohl gar den Namen eines Künſtlers verſagen, es ſey denn, er wiſſe ſich deſſelben durch Vorzüge in andern Theilen der Kunſt zu verſichern.

Es ſchien mir einer Unterſuchung würdig, woher dieſe Geringſchätzung rühren möge? ob der Porträtmaler wirklich keine Foderung auf den Rang eines Talents machen? oder wodurch er ſich dieſes Rangs bemächtigen könne?

Ich warf einen Blick bis auf den Urſprung der Kunſt zurücke. So unvollſtändig auch ihre Jahrbücher ſind; ſo wenig weder Egypten, noch Griechenland die Anſprüche auf ihre Erfindung berichtigen mögen,

gen, darüber haben alle Stimmen ſich vereiniget, daß * der Schatten eines in der Sonne geſtellten Körpers, den jemand mit einer Linie umſchrieb, der Anfang der Malerey geweſen. Es ſey Liebe, welche einem fühlbaren Mädchen dabey die Hand geführt: ** es ſey ein glückliches Ungefähr, welche der Erfindſamkeit der Menſchen ſo manchen wichtigen Dienſt geleiſtet, die erſte Zeichnung war der ähnliche Umriß eines Menſchen.

Der Fleiß wandelte nachher auf dem Wege fort, worauf der Zufall ihn gewieſen:

---

* Ægyptii ſex millibus annorum apud ipſos inventam --- --- græci autem alii Sicyone, alii apud Corinthios repertam, *omnes umbra hominis lineis circumducta.* Plin. l. 38. C. V.

** Que la tendre Dibutade, inſtruite par l'amour, Dune ombre paſſagere ait fixè le Contour —
     L'art de peindre.

sen: sein Geleitsmann aber war die Natur: ihr mehr oder weniger nahe kommen, die Aehnlichkeit des Modells, mehr oder weniger erreichen, war in der Kunst einen größeren oder kleineren Fortgang machen. Die Richtigkeit des Umrisses, das Zauberwerk der Farben, den Ausdruck, alles ward die Kunst dem Porträte schuldig.

Ihre Bestimmung schien auch anfangs keine andre zu seyn, als durch die Aehnlichkeit der Bildnisse das Andenken solcher Menschen zu verewigen, die der Unsterblichkeit würdig waren. Die Bildnisse, der Helden, die das Vaterland beschützet, der Weisen, die es erleuchtet hatten, an öffentlichen Oertern ausgesetzt, sollten gleichsam die Ahnen derjenigen seyn, die sich dem Dienste des Staates heiligten: eine immerwähwährende Ermunterung, ihnen zu gleichen; und ein beständiger Verweis, wenn von so erlauchten Beyspielen abgewichen ward.

Durch eine glückliche Nachfolge ward das Triebwerk öffentlicher Tugenden auch das Triebwerk des Familienstolzes. Die Seele eines Römers erhub sich, bey dem Anblicke der berühmten Männer, von denen er abstammte, und deren Bildnisse in seinem Vorhofe immer ihm vor Augen standen.

Es lag dem Glücke der Staaten daran, daß eine Kunst geschätzt ward, welche die Enkeln anflammte, mit ihren Vorfahren durch rühmliche Thaten wettzueifern. Die Künstler hießen göttlich: die Unsterblichkeit war gleichsam in ihren Händen, wie nachher in den Händen der Geschichtschreiber und Dichter. Diese Hochachtung pflanzte sich vom Anbeginn der Kunst, von Geschlecht auf Geschlecht fort.

In der berühmten Zuschrift Horazens an Augusten wird das Talent der Porträte, unter die vorzüglichen Eigenschaften des kunsterfüllten Griechenlandes gezählet. Sobald Griechenland die Waffen niederlegte, und geschmeidig zu werden anhub, gab es bald der Geschicklichkeit im Ringen, bald im Pferderennen den Preis, schätzte es Künstler, welche in Marmor, Erzt und Elfenbein arbeiteten, zierte es seine Tempeln, und Gemächer mit Porträten aus, welche Gesicht, und Gemüth auf das ähnlichste schilderten. * Petronius

---

* Nunc athletarum studiis, nunc arsit equorum,
 Marmoris aut eboris fabros, aut æris amavit,
 Suspendit picta vultum mentemque tabella.

nius ein Hoffmann, und feiner Kenner des Schönen, rühmet an den Gemälden des Apelles die genaue Aehnlichkeit seiner Bildnisse mit den Urbildern, an denen man die Seele geschildert zu sehen glaubte. Er würde das Verdienst der Aehnlichkeit nicht so sehr herausgehoben haben, wenn man an dem Hofe des Nero wenig darauf geachtet hätte.

Die schönen geschnittenen Steine und Münzen, welche die Köpfe von den Nachfolgern des Augustus, ihren Gemahlinnen und Lieblingen erhalten haben, können nicht nur als Beweise von der Geschicklichkeit der damaligen Künstler angeführet werden, sondern auch als Beweise, daß man diese Geschicklichkeit geschätzet habe.

Das

Das Ansehen, worinnen Titian, und sein Sohn Vezelli, Tintoreto, Rembrand, Vandyk u. a. m. bey ihren Zeitgenossen stunden, überzeuget uns, daß nach der Herstellung der Künste, und zu Zeiten unsrer Väter der Porträtmaler nichts von derjenigen Achtung verloren, welche das Alterthum Künstlern erwiesen hatte: und die Verehrung mit welcher noch heute Kunstgenossen und Liebhaber diese Namen aussprechen, denen wir einen Rigaud, Vanloo, Nattier, Roslin, Greuze, Meytens, Palko, und andre nur neulich gestorbene, und theils noch lebende Männer, mit gleicher Hochachtung an die Seite setzen, diese billige Verehrung leget auch einen Beweis für unsre Zeiten ab, welche nicht so ungerecht sind, eine allgemeine Verurtheilung auszusprechen, und immer den geschickten Mann von
dem

dem Haufen ausſöndern, den ſie mit ihrer Verachtung belegen.

Sie fällt alſo eigentlich nur auf diejenigen Menſchen, dieſe Verachtung, welche den materiellen Theil der Kunſt für ihre höchſte Vollkommenheit anſehen, die, ſobald ſie die ungefähre Aehnlichkeit eines Geſichts erreichen, ſchon, als bey dem errichten Ziele der Geſchicklichkeit ſtehen bleiben; unbekümmert um diejenigen Eigenſchaften, welche die Beſtandtheile des wahren Künſtlers ſind: ich ſetze hinzu: unbekümmert, wie lange ihre Arbeit einigen Werth haben, ſondern nur, wie bald ſie werde bezahlet werden.

Ein trauriges Geſtändniß, ſo wir uns ſelbſt machen müſſen! aber der größere, man kann ſagen, derjenige Theil der ſogenannten
Por-

Porträtmaler, welcher das Geschlecht ausmachet, wird sich an diesen Merkmalen erkennen. Es ist daher dem fähigeren Manne gerne zu vergeben, wenn bey ihm Bedenklichkeiten aufsteigen, sich mit dem Porträte jemals zu bemengen, weil er besorget, mit jenen in eine Klasse geworfen zu werden.

Dadurch ist der edle Theil der Kunst in die Hände der Unfähigkeit geliefert: und hierinnen müssen wir zum Theile die Ursache aufsuchen, welche ihn in unsern Augen abwürdiget.

Kaum daß der Schüler, nach einer kurzen Uebung, einen Kopf zu zeichnen, vielleicht noch ehe er ihn recht zu zeichnen, und ins Kreutz zu stellen weis; wird er von einem gewinnsüchtigen Lehrmeister, vielleicht von

von seinen gedrängten Umständen, genöthiget, Pinsel und Palette zu ergreifen, und auf eine kurze, meistens nur mechanische Anleitung nach dem Leben zu malen. Unbekannt mit den Schwierigkeiten der Kunst, geht er mit dreuster Faust an das Werk. Die höheren Schönheiten sind für ihn Geheimnisse, zu denen er nicht eingeweihet ist. Seine ganze Bemühung schrenket sich also auf eine knechtische und zaghafte Nachahmung der Züge ein, welche in die Augen fallen. Die Franzosen, deucht mich, haben das eigentlichste Wort gewählet, diesen Porträtisten zu karakterisiren: Il attrape -- er erhascht die Aehnlichkeit, sprechen sie.

Diejenigen, für welche der Miethling sein malerisches Tagwerk verrichtet, sehen mit eben so körperlichen Augen, als er selbst.
Kein

Kein Wunder, daß sie da die Aehnlichkeit finden, wo er sie gesucht, in einer krummen Nase, einer aufgeworfenen Lippe, einem länglichten Kinne, und dergleichen fühlbaren und groben Uebereinstimmungen mit dem Urbilde. Das Porträt wird gezahlt, aufgehangen, von jedermann bey dem ersten Eintritte erkannt.

Der Anfänger darf seine Foderungen nicht hoch spannen; also fehlt es ihm nicht an Arbeit: die Wohlfeilkeit locket ihm Kunden an. Die Uebung giebt ihm die Fertigkeit, welche Piles l'habitude expeditive nennet, die rüstige Fertigkeit, die man, ohne nachzudenken, erwirbt: er porträtirt, und porträtirt, und immer mit diesem Glücke einer obenhinnigen Gleichheit.

Bald

Bald werden seine Umstände glücklicher, weil sein Vermögen, wie sein Ruf wächst: eine Familie empfihlt ihn der andern. Ein Gewinnst, der so ohne alle Anstrengung, der in so wenigen Stunden einflüßt, ist anziehend. Ich gebe dem jungen Menschen wirklich so vieles Selbsterkenntniß, daß er bescheiden empfinde, wie ferne er noch sey, den Foderungen der Kunst genug zu thun: aber ich höre ihn, wie er zu sich selbst spricht: Diese würdigen Künstler, welche ihre Werke mit Beurtheilung, mit Gefühle und Geschmacke bearbeiten; welche oft stundenlange berathschlagen, ehe sie den gelehrten Pinselstrich wagen; welche auf ihr eignes Urtheil mistrauisch, das Urtheil aller ihrer Freunde zu Rath rufen, und für die Nachwelt arbeiten; diese Künstler darben: weil sie die Mühe einiger Monate für eine Kleinigkeit nicht hingeben können: mir aber lacht der Ueberfluß. Soll ich in der Kunst vorzuschreiten suchen, um in meinem Glücke rückwärts zu gehen? Der Entschluß, den er fasset, ist wenigstens von Seite des Vortheils nicht zu tadeln. Und wie wenige sind, ich will itzt nur sagen, in solchen Umständen, daß sie auf die Stimme einer unfruchtbaren Ehre aufmerksam seyn könnten! Die Nothwendigkeit der häuslichen Umstände hat einst auch einen Tintoreto gezwungen, den goldnen Pinsel manchmal bey Seite zu legen, und mit dem eisernen zu arbeiten; wie die Italiäner von den nachlässigeren Malereyen dieses Meisters zu sagen pflegen. Und wie viele heutigen Künstler, selbst in dieser Stadt, werden die Unvollkommenheit ihrer Stücke zu vertheidigen, mit jenem französischen Schriftsteller

sagen

sagen müssen: muß man denn nicht leben, ehe man unsterblich wird?

Solche Ueberlegungen führen den Mann, von dem ich sprach, auf dem Wege fort, den er eingeschlagen: er denkt nicht darauf, in der Kunst zuzunehmen: er kann die Anstrengung Rath haben: er verzieht auf einen späten Nachruhm, und genießt seines gegenwärtigen Glückes.

Es würde widernatürlich seyn, wenn Anfänger, bey solchen Beyspielen, das Porträtmalen nicht als die große Heerstraße des Glückes ansehen sollten; oder wenigstens, als ein unfehlbares Mittel, nie einen Mangel zu empfinden. Und was ist denn auch zu einem Porträte erfoderlich? denken sie — sie beantworten sich diese Frage aus der

Fähigkeit desjenigen, der Säle mit seinen Arbeiten und die Stadt mit seinem Rufe voll machet, ungeachtet er nur neulich aus ihrer Mitte gekommen, und jeder unter ihnen bey dem Anblicke seiner Arbeiten das anch' io son pittore ohn Ruhmredigkeit aufrufen kann.

Die wenige Einsicht derer, für welche Porträte gearbeitet werden, biet ihrer Zuversicht die Hände. Wie selten sind diejenigen, deren Beurtheilung der Maler zuscheuen hätte! die vor die Stafeley hintreten, und zu ihm mit dem Römer * sagen dürfen: auch wir haben gelehrte Augen! Ich habe darauf im Vorbeygehen bereits gedeutet; aber ich muß mich länger dabey verweilen

als

---

* Nonne igitur funt ista festiva? funt: nam nos quoque oculos eruditos habemus — *Cicero*.

als bey der Hauptursache der Verachtung, über welche die Kunst sich beklaget.

Es ist dem gemeinen Manne, es ist einer gewissen Klasse der Bürger nicht aufzudringen, daß sie diese feine Empfindung habe, welche zur Beurtheilung der Kunstwerke erfoderlich ist. Die Erziehung, wodurch der Grund zu dieser Empfindung gelegt wird, der Unterricht in den Künsten selbst, die Anleitung, die Schönheiten wahrzunehmen, die Gelegenheit sich diese Anleitung zu Nutze zu machen, durch eine lange Gewohnheit das Schöne zu sehen, mit demselben so innig vertraut zu werden, daß es zu einer Fertigkeit erwächst, es bey dem ersten Anblicke zu erkennen, oder die geringsten Abweichungen davon sich nicht entkommen zu lassen; dieß sind beneidenswürdige Vortheile des Adels.

In dieſer Abſicht wird der adeliche Jüngling nach Rom, Bologna, Florenz, Paris und Dresden geſendet, Galerien, Villen, Akademien der Künſte, und die Kunſtſtätte berühmter Meiſter zu beſuchen. So oft alſo von der Beförderung, oder dem Verfalle der Künſte die Rede iſt; fällt Lob und Tadel hauptſächlich auf den Adel zurück: in Werken des Geſchmacks ſtellet er die Nation vor.

Was, fragt Aloys * bey Gelegenheit, gewiſſer poſſierlichen deutſchen Münzen, was müſſen ſich die Ausländer von dem Geſchmacke unſerer Großen für Begriffe machen, wenn ſie dergleichen Münzen zu ſehen bekommen? wäre man nicht berechtiget, dieſe Frage auf die Porträte anzuwenden:

was

---

* Beyträge zur Geſchichte des Geſchmacks und der Kunſt aus Münzen.

was müſſen die Ausländer von dem Geſchmacke unſers Adels ſich für Begriffe machen, wenn ſie ſeine Porträte zu ſehen bekommen? ich erweitere dieſe Frage: was für traurige Begriffe müſſen ſie ſich aus ſolchen Porträten von dem Zuſtande der Künſte in unſerm Vaterlande machen? ich fahre fort: wenn die Betrachtung Hagedorns * unwiderſprechlich iſt: daß der Geſchmack an dem ſittlichen Schönen, und der Geſchmack in den Künſten, aus einer Quelle flüſſen, und daher die Blüthe der Künſte, der Geſchmeidigkeit der Sitten, und dem Adel der Denkungsart immer zur Seite geht, wie wird man Sitten und Denkungsart beurtheilen, wenn man von dem Porträte in dem Kabinete der Großen darauf den Schluß zieht?

B 4   Hier

* Betrachtungen über die Malerey.

Hier ist der Fremde ordentlicher Weise die Meisterstücke der Nationalkünstler zu finden berechtiget: und was er hier nicht findet, wird er nirgend erwarten. Ihnen hat das Glück Vermögen zugeworfen, die Kunst nach Würde zu belohnen. Ist es Kargheit, die sie abhält, dem geschickten Manne einen billigen Preis seines Verdienstes zu setzen; so fehlet es den Künsten an der nothwendigen Ermunterung, ohne die sie unter keinem Himmel gedeihen können. Ist es Mangel des Gefühls, Mangel der Beurtheilung zwischen Pinsel und Pinsel; so verschwenden sie den Preis der Geschicklichkeit an Stümper, die nach dem Ausdrucke Horazens * herrliche Thaten schmieren; so propfen sie diesen schönen Zweig der Kunst, statt der unsterblichen Ceder, auf eine morsche Weide.

Wenn

* Splendida facta linunt.

Wenn in irgend einem der ansehnlichen Häuser ein Porträt zu malen ist, was wird bey der Wahl des Malers in Erwegung gezogen? — Wenn ja noch etwas in Erwegung gezogen wird; so ist es, ob er treffe? o ja! er trifft: seine Porträte rufen herbey, wie die Künstler zu sagen pflegen — aber wen? rufen sie den Kenner? ziehen sie ihn an sich? halten sie ihn zurücke? — den rufen sie, den halten sie zurücke, der an dem schönen Hermaphroditen die Matraze des Bernini loben, der in einer Galerie das Schnitzwerk der Rahmen bewundern kann.

,, Aber ist denn nicht die Aehnlichkeit die
,, Absicht des Porträts? und wenn ich dar-
,, über befriediget bin, was geht es mich an,
,, ob es auch die Kunstverständigen befriedi-
,, ge? — Wer so sprechen kann, dem werde ich

ich versetzen: „ wenn sie weiter nichts zu
„ wünschen haben, als das Vergnügen, ihr
„ Gesicht mit Selbstbeyfalle zu besehen; so
„ treten Sie vor ihren Spiegel; er kann es
„ Ihnen alle Augenblick gewähren? oder
„ warum wollen Sie nicht lieber sich durch
„ eine Kamera obskura malen lassen? ein
„ Bild auf diese Art verfertiget, ist wenig-
„ stens genau ähnlicher, als die Arbeit ihres
„ Malers.

Oft geben die Empfehlungen eines Wei-
bes, deren hinfälligen Reizungen man zu
schmeicheln wußte, einen Maler den Schwung:
die eingedrungenen Schiedrichter des Geschmacks haben es sich vorgenommen, einen
ihrer Pflegbefohlenen empor zu heben: um
vom guten Tone zu seyn, muß man sich von ...
malen lassen: das sind die gewöhnlichen Wege,

ge, wobey nirgend von dem wahren Verdienste des Künstlers die Frage ist. Der Mann, der in seinem Innersten derer lachet, welche ihn für etwas halten, wofür er sich selbst nicht hält, auf dem sich die Spottrede Juvenals * sowohl anwenden läßt: den das Glück sich vorgenommen, der wahren Geschicklichkeit zum Hohne zu begünstigen, der ist manchmal glücklich genug, sich in die königlichen Gemächer zu schleichen, und Götter und Göttinnen durch seinen groben Pinsel zu entheiligen.

Fällt mir in dem Saale eines Großen die vergängliche Arbeit solcher Maler in die Augen, so enthalte ich mich nicht, den Widerspruch der Eigenliebe zu bemitleiden. Ohne

* - - - - - Quales
Extollit, quoties voluit fortuna jocari —

ne Zweifel wollte dieser Mann, daß die Nachkömmlinge einst vor seinem Bildnisse sprechen sollten: sic oculos — sic ora ferebat — und welch ein Mittel wählte er? Man erlaube mir den dichterischen Ausdruck! die verschmähte Kunst rufet die Ewigkeit, ihre Bundsgenossinn um Rache an, und ihre Bitte wird nicht abgewiesen. Wird nicht etwan in der Ecke einer Familiensammlung für diese Schilderungen ein Platz gefunden; so sehe ich seine Unsterblichkeit, in der Bude eines Trödlers, mit ähnlichen Sudlereyen vermenget, vorherbestimmt, irgend in einem Gastzimmer eine leere Wand zu füllen, und neben dem eben so kostbaren Bilde des Gastwirths zu vermodern.

Man würde der Kunst einen wesentlichen Dienst erweisen, woferne diese Betrachtung

tung auf diejenigen, die sie betrifft, einen lebhaften Eindruck machen, und sie bestimmen möchte, sich nach ihrem Tode nicht der Beschimpfung auszusetzen, gleichsam in Effigie entadelt zu werden.

Die Niedlichkeit Alexanders möchte ihnen zum Beyspiele werden! dieser Eroberer, dessen jede Handlung nach der Unsterblichkeit zog, untersagte durch eine königliche Verordnung: daß niemand als Apelles, ihn malen, niemand als Lysippus im Erzte nachbilden sollte. *

Würden Monarchen sich und ihre Familie nur von würdigen Künstlern schildern lassen;

Edicto vetuit, ne quis se præter Apellem Pingeret, aut alius Lysippo duceret æra Fortis Alexandri vultum simulantia —

sen; würde, wie es einst zum Verbrechen ward, Münzen mit den Bildnissen der Kaiser einzuschmelzen, zu denen die Gelehrte Hand der Griechen den Stempel gegraben, würde es heute zum Verbrechen gemacht, wenn eine andere als eine gelehrte Hand, wenn ein andrer Pinsel den Fürsten malte, als der es verdient, mit dem Fürsten selbst verewiget zu werden; würden die öffentlichen Denkmäler nur den Apellessen und Lysipussen unsrer Zeiten überlassen; würde statt zehen schiefen Abbildungen, deren keine ihr Urbild überdauert, ein Anherr seinen Enkeln in einer Bildung zurückgelassen; aber in einer Bildung, die, wenn auch die Familienbeziehung erlischt, noch ihres eignen Werthes wegen aufbehalten, und in einer Sammlung der Kunstwerke beygesetzt zu werden verdiente: wer zweifelt, daß dann dieser Theil der

der Kunst sich wieder in diejenige Achtung einsetzen würde, woraus ihn nur der Schwarm bloſſer Handarbeiter verdrängt hat, welche den Namen der Porträtiſten an ſich geriſſen haben.

Und ihn ſo widerrechtlich an ſich geriſſen haben. Denn dieſe Aehnlichkeit allein iſt es nicht, welche den Porträtmaler ausmachet. Es iſt ſogar eine oftgemachte Beobachtung, und die ſich täglich beſtättiget: daß die gemeinſten Maler in der mechaniſchen Aehnlichkeit, es den verdienteſten Künſtlern zuvorthun: weil ſie um deſto leichter gelingt, je unwiſſender, und weniger zerſtreut ſie durch das Nachdenken auf weſentlichere Schönheiten der Kunſt ſind. * Aber Por-
trä-

* Von verſchiedenen Urtheilen über die Aehnlichkeit der Bildniſſe: von H. C.

träte, die, wie die Köpfe eines Vandyk, der Vergänglichkeit trotzen; worinnen, wenn dieses geringe und augenblickliche Verdienst der Aehnlichkeit lange schon erloschen ist, noch der Pinsel des Meisters geschätzt, von Kunstgenossen bewundert, und von Liebhabern mit Golde aufgewogen wird; Porträte, über die man setzen mag, was Robusti über die Thüre seiner Werkstatt schrieb: die Färbung Titians und die Zeichnung des Michael Angelo; solche Porträte zu malen, dazu gehört nicht nur eben der Geschmack, dieses Gefühl, diese Richtigkeit, welche bey jeder andern Gattung der Malerey erfodert wird; sondern sie gehören dazu vielleicht in einem gewissen erhabenen Grade, unter welchem ein andrer Künstler immer noch stehen bleiben mag, ohne darum in die Zahl der Mittelmässigen verstossen zu werden.

Der

Der Vorwurf, den der Porträtmaler behandelt, überhaupt genommen, hat außer einem gewissen Kreise, und einer gewissen Zeit eine geringe Anziehung: er muß durch die Reize seiner Kunst allein, ihm dieselbe verschaffen; er muß durch Zeichnung, Färbung, durch Schatten und Licht, von seiner Sicherheit, seinem Gefühle, er muß durch die Anordnung von seiner Beurtheilung einen erhabnen Begriff zu geben wissen. Je unfruchtbarer sein Subjekt ist; je weniger es ihm erlaubet, einen übergränzten Schwung zu nehmen; desto reicher an Erfindung, und wenn ich so sagen darf, desto schöpferischer muß sein Geist seyn, um ein undankbares Erdreich in ein Lustgefild umzugestalten, um von der Last der Fäßel nicht an den Boden geheftet zu bleiben.

Bey eben denselben Foderungen hat er also mehrere Schwierigkeiten zu überwinden, als der Maler der Geschichte; welches ihm zwar nicht mehr zum Verdienste in Anschlag gebracht wird, aber die Nothwendigkeit auferleget, denselben mit desto größerem Muthe entgegen zu arbeiten.

Dem Historienmaler steht bey seiner Zeichnung das unabsehbare Gebiet der idealen Schönheit offen. Er kann Formen und Verhältnisse, entweder aus seiner Einbildung schaffen, wie sie Phidias zu seinem olympischen Jupiter schuff; oder sie von Antiken borgen, wie Raphael seine Galathea zusammsetzte. Die kostbaren Ueberbleibsel des Alterthums werden ihm schöne Muster von beiden Geschlechtern, von jedem Alter, in der Ruhe, in der Handlung — Glücklich der

Künst-

Künstler, dem es vergönnt ist, diese Ehren=
mäler der Kunst selbst in der Nähe zu betrach=
ten; der zu den Füßen Niobes und ihrer
Töchter die melancholische Empfindung einsau=
gen mag, die den Maler einer traurigen Bege=
benheit zu erst durchdringen muß; den der
selbstgegenwärtige Apoll zur Schilderung der
männlichen Anmuth begeistert; oder die hohe
Venus würdiget, sich mit aufgelöstem Gür=
tel zu zeigen, und sanfte Wärme in seine
Adern zu verbreiten, wenn sein Pinsel Gra=
zien und Liebe sichtbar machen soll —

Von solchen Mustern erhitzet, hindert
ihn nichts, sich seiner glänzenden Einbildung,
seinem ganzen Feuer zu überlassen, und Adel
in seine Kopfstellungen, Grazie und Charak=
ter in schicklichen und gefälligen Ausdruck
zu legen.

Der Porträtmaler hingegen steht zwischen zwoen Klippen innen, und die geringste Abweichung zur Rechte oder Linke, ist ihm gefahrvoll: er verfehlet entweder die Aehnlichkeit, die unter den Foderungen, die an ihn gemacht werden, die erste ist: oder er liefert eine Bildung, die dem Auge des Kenners eine Ueberladung zeiget.

Das Urbild, so er vor sich hat, tyrannisirt ihn bey jedem Zuge; es meistert seine Kühnheit und spricht: hier ist dein Ziel! er darf darüber nicht hinausschreiten, ohne sich von der Wahrheit, die sein hohes Gesetz ist, zu entfernen. Wie schwer ist es, seinen Umrissen die Mine der Freyheit zu geben, da seine Hand, durch diejenigen Oberflächen, und Umrisse beständig zurückgehalten wird, die sein Vorwurf ihm anbiet! Wenn er die Wahr-

Wahrheit zu mühſam aufſucht, und in ſeine Abbildung überträgt; ſo wird den Kenner an ſeinem Bilde, wie den Apelles an den Gemälden des Protegenes, die übermäſſige Ausarbeitung beleidigen; ſo ſteht er in Gefahr in den kleinen Geſchmack, in eine Manierung * zu verfallen; oder in eine Auskramung ſeiner anatomiſchen Kenntniſſe, dieſen Pedantismus der Malerey, der in den Künſten ſo ungeſchmack, als in den Wiſſenſchaften, eben ſo gemein, und eben ſo verächtlich iſt —

Ueberläßt er ſich aber ſeiner Empfindung, erlaubt er ſich, in der Abſicht, dem Scharfen und Trocknen auszuweichen, eine kleine Ueber-

---

* Ich lege hier dem Worte Manierung die Bedeutung bey, welche Mengs in ſeinen Gedanken über die Schönh. und den Geſchmack in der Malerey S. 39. feſtſetzet.

berschreitung; so hat er sehr leicht die Aehnlichkeit verloren.

Es gehöret alle Scharfsinnigkeit, Beurtheilung und ein gebildeter schöner Geschmack dazu, nur die großen Theile zu wählen; die kleinen, nicht selten charakteristischen Drücker aber, als untergeordnete Schönheiten anzubringen, um durch ein mühsame Ausarbeitung derselben, durch zu jähe, zu wechselnde Linien, durch Belästigung der sogenannten Gewißheiten nicht in das Hagere auszuarten; oder auf einer andern Seite, durch zu große Freyheit und Ungezwungenheit nicht ein Geschöpf seiner Einbildung hervorzubringen.

Das heißt eigentlich eine gelehrte Aehnlichkeit, wann der Künstler die individuelle Schön-

Schönheit, der Idealen am nächsten zu bringen, seinen Köpfen einen sanften Umriß, ein reizendes Verhältniß der Theile, eine geschmackvolle Wendung, eine anständige Würde zu geben; aber dabey, immer seinem Gegenstande getreu, den Umriß zuversichtlich, und nach der Gewißheit zu halten, unter dem Bedeutenden nur das Schöne, und Angenehme auszulesen; mit einem Worte, wenn er die Wahrheit nach ihrer besten und reizendsten Wirkung zu ordnen weis.

Es ist vielleicht keine ganz unbelohnte Mühe für Schüler der Kunst, manchmal auch ein elendes Gemälde mit einiger Aufmersamkeit zu betrachten. So zeigten die nüchternen Spartaner an den betrunkenen Heloten ihren Kindern die Abscheulichkeit der Völlerey; so kann der Künstler dem Auge des

Zöglings an den gemeinsten Malereyen den Kontrast des Schönen merklicher machen. Er zeige ihm an solchen Bildern, die gar oft mit der obenhinnigen Mine der Aehnlichkeit schmeichlen, mit welcher Blödigkeit der Maler den Umriß bestimmet habe; wie die äußersten Linien wollicht und unrein, wie die Verhältnisse verfehlet sind; und wie nach einer längeren Betrachtung, wenn das prüfende Aug des Kenners bey jedem Theile verweilen konnte, zuletzt selbst diese Aehnlichkeit verschwindet.

Der Zepter der Aehnlichkeit, der über den Porträtmaler hingestreckt ist, reichet weiter nicht, als an die Bildung des Gesichts: in den äußersten Theilen der Figur ist er ein freyer Bürger der Kunst. Diese walzenförmigen Hände des Frauenvolks, ohne Weich-
lich-

lichkeit, ohne Spiel, diese sehnigten Hände der Männer, an denen die Knöchel, wie Gebürge hervorragen, wodurch die mehresten Porträte verunstaltet werden, sind daher ohne alle Entschuldigung. Das allgemeine Verhältniß der Theile zu dem Ganzen, ist das einzige, so er zu beobachten hat: übrigens kann er seinen Schönen durch den sanften Busen der Venus, und die lieblich verjüngten Finger der Morgenröthe schmeicheln: die Kunst berechtiget ihn dazu, und die Ehre fodert ihn auf. Aber die äußersten Theile, welche nach Winkelmanns * Urtheile, in der Moral, wo die äußerste Tugend mit dem Laster gränzet, nicht schwerer sind als in der Kunst, wo sich in denselben das Verständniß des Schönen des Künstlers zeiget, diese sind Kleinigkeiten für einen großen

* Geschichte der Kunst.

ßen Treffer, zu denen er nicht herabsteiget: er überläßt Hände und Stellung einem Anfänger zur Uebung, oder kauft sie zu Duzenten fertiger, und setzet zu seiner Zeit das große Werk seiner Hände, den redenden Kopf darauf.

Der Haufen der Porträtisten, denkt wohl nicht, daß er nicht einmal von der Schönheit des Colorits, und den Wirkungen des Schattens und Lichts einigen Begriff habe: er sieht die Färbung eines Bildes, wie die Farbe eines bunden Stoffs: die Lebhaftigkeit gefällt ihm. Ich rechtfertige mich, indem ich auf so viele Gemälde weise, an denen alles ohne Wahl buntscheckigt ist: ohne Zweifel hatten diejenigen, die sie verfertigten, die Absicht zu gefallen.

Eine

Eine Stelle des Piles * kann jungen Künstlern nicht zu oft in das Ohr geraumt werden, um sie vor einer stolzen Eigenliebe zu bewahren, wenn sie sich Künstler wähnen, sobald sie einigermaſſen im Besitze der Zeichnung sind. Es wird weit mehr Genie erfodert, von Schatten und Licht, von Uebereinstimmung der Farben und ihrer Wahrheit, für jeden besondern Gegenstand einen guten Gebrauch zu machen, als eine Figur etwas richtig ** zu zeichnen. Die

Zeich-

** Pour deſſiner correctement une figure — und weiter un genie moderè arrive neceſſairement a la correction du Deſſein — ich habe dieſe beeden Stellen durch den Zusatz: etwas richtig zu zeichnen — einige Richtigkeit im Zeichnen: zu mäſſigen gewagt, weil ſie ohne dieſe Mäſſigung angehende Künstler zu einer Geringschätzung der Zeichnung verleiten könnten, Dieser Außspruch des Pides kann auch nur inſoferne angenommen werden, als von dem äußersten Umriſſe, und in ruhigen Ständen die Rede iſt. Aber die Auszeichnung

der

Zeichnung besteht ledig in einer Fertigkeit der Umrisse, und des Maßes, die man durch öftere Wiederholung erhält. Aber das Helldunkle (Clair obscur), und die Uebereinstimmung der Farben fodern eine beständige Beurtheilung, und sind so wechselnd, so mannigfältig, als mannigfältig die Zusammensetzung der Gemälde ist. Ein mäßiges Genie erreicht nothwendig einige Richtigkeit im Zeichnen, durch die Hartnäckigkeit der Uebung: aber die Schattirung, setzt neben den Regeln eine Masse von Genie voraus, die groß genug seyn muß, wenn ich so sagen soll, sich in alle übrigen Theile der Kunst zu verbreiten.

Die

---

der Muskeln, und ihrer, nach Verschiedenheit des Aktes verschiedenen Verrichtungen, Anspannungen, Nachlassungen u. s. w. erfodert eben diese Beurtheilungen, welche Piles nur allein bey der Färbung voraussetzet.

Die Zeichnung ist gleichsam nur die Idee des Gemäldes, die Färbung schafft das Gemälde selbst. Ihre Schönheit besteht in der Wahrheit, und diese ist das große Zauberwerk der Malerey. Das Nachdenken des Künstlers, und seine Beurtheilungskraft offenbaren sich in Entgegensetzung und Vereinigung der Töne; damit er sie wechselweise unterstütze, und erhebe, ohne Härte nähere, mit Verstande breche, die Uebergänge unmerkbar mache, jedem Körper nach seinem Abstande die Lokalfarb ertheile, und dennoch im Ganzen den Hauptton herrschen lasse, Ruhe und Wirkung ohne wechselseitigen Abbruch vereinbare, und überhaupt, Mannigfaltigkeit, der Harmonie unbeschadet zeige, und diese letztere nicht etwan in der Monotonie (Einfärbigkeit) bestehen lasse.

Der Porträtist hat Gelegenheit durch sein Colorit sich von so verschiedenen Seiten als jeder andre hervorzuthun. Sind gleich seine Hauptfiguren meistens bekleidet; so bleibt ihm immer noch so viel Nakes am Gesichte, und den Aeußersten Theilen übrig, daß er eine wahre und sanfte Karnation zeigen, daß er, nach Verschiedenheit des Vorwurfs, des Alters, des Geschlechts, das Männlichjugendliche, das Zärtliche des Frauengeschlechts, das Männlichreife u. s. w. ausdrücken, und in diesem reizenden Theile der Kunst sich bestreben kann, die Venus eines Titians, und die verschiedenen Kolorite des corregianischen Hieronymus zu erreichen.

Freylich wird diese Unterscheidung nicht so allgemein beobachtet. Die Farbe kostet den gemeinen Maler nicht mehr Zeit, als

ihre

ihre Mischung auf der Palette. Betrachtungen von den phisikalischen Wirkungen zwoer Farben, die in ihren Grundtheilen sich ganz zuwider sind, und sich in der Vereinigung zerstöhren; Betrachtungen von den optischen Wirkungen derselben und von ihrer wechselseitigen Wohlthätigkeit; Betrachtungen, wie eine Farbe über die andre gebreitet, durchscheinend werden könne; solche Betrachtungen haben ihn nie einen Augenblick in seinen Arbeiten aufhalten könen: sein unsicheres Aug, mit dem gegenwärtigen Anscheine allein beschäfftigt, ist sein Orakel. Die Farbe des Mädchens in dem Frühlinge der Jahre, ist daher nicht mit einem Pinsel in die Morgenröthe getaucht, ausgeführt, nicht wie die Farbe der koischen Venus, ein flüssiges mit Weiß vermischtes Roth, nicht Blut, aber

bluts

blutähnlich.* sondern entweder ein mehlichtes Weiß, oder in das Fahle des Helfenbeins fallend: sein Busen ist nicht wallend, das Gefühl einladend, sondern trocken, gespannt, oder flüssend und schlapp, anstatt weichlicht und schwebend zu seyn. Die Farbe des Mannes ist gemeiniglich eine häffenfarbigte Röthe, durch schwarze Schatten abgeschnitten, anstatt gerundet zu seyn: Der Maler begnüget sich, lieber seinen Kopf in Schminkfarbe zu zeigen, und mit grünlichten Schatten schmutzig zu machen, als den kostbaren Tönen des Fleisches nachzuspähen, zu deren Entdeckung ein gemeines Aug zu blöde ist: aber das Aug des Künstlers soll mit Verstande sehen.

Die-

---

* In Venere coa — non ille fusus & candore mixtus rubor sanguis est, sed quædam sanguinis similitudo. Cicero.

Diese Verirrungen fallen auf den Künstler, weil er doch so genennt seyn will, nicht auf die Kunst. Es ist eine unvergebliche Ausartung, da die beständige Anschauung der Natur, dem Porträtmaler sogar eine größere Leichtigkeit giebt, zu der Vollkommenheit des Kolorits zu gelangen. Die Malerey überhaupt, wie man weis, hat der Porträtmalerey in Ansehen dieses Theils die größte Verbindlichkeit. Die venetianische Schule, welche in dem Kolorite, wie die römische in der Zeichnung den Vorzug hat, studirte hauptsächlich nach dem Leben, und porträtirte. Die unausgesetzte Beschauung der Natur führte sie den sicheren Weg, dieselbe lebhaft nachzuahmen.

Winkelmann, über dessen Aschenkrug die Grazien, trostlos hingelehnt, weinen, und

der

der sanftfliessenden Haarlocken sich berauben, um sie auf das Grabmal ihres Freundes hinzustreuen, zählt * unter den vielen Vortheilen der griechischen Künstler über die spätern auch folgenden: der ganze Anzug der Griechen, war so beschaffen, daß er der bildenden Natur nicht den geringsten Zwang anthat. Der Wachsthum der schönen Form litte nichts, durch die verschiedenen Arten, und Theile unsrer heutigen pressenden, und klemmenden Kleidung, sonderlich am Halse, Hüften und Schenkeln. Das schöne Geschlecht selbst wußte von keinem ängstlichen Zwange in seinem Puze — Der Maler der Geschichte fühlet diesen Nachtheil weniger als der Porträtmaler. Der erste kann sein Gewand mit Geschmack werfen; er kann es in großen Theilen

* Geschichte der Kunst.

len, in sanften Falten, nach dem Baue des Körpers dahinflüssen lassen. Der Zwang des Ueblichen, die Nothwendigkeit, seiner Figur ein modernes Kleid zu geben, nöthiget dem letzteren gar oft keine Fältchen ab, welche schwerlich anders als schneidend und trocken ausfallen können. Aber es bleiben ihm noch immer Nebentheile genug übrig, Teppiche, Vorhänge von verschiedenen Stoffen, nach Verschiedenheit des Standes, welchen er einen willkührlichen und gelehrten Wurf geben kann, um seine Geschicklichkeit in der Draperie zu beweisen.

Die langflüssenden Kleider des Frauenvolks sind gegen die Kunst auch weniger aufrührisch, als die Kleidung der Männer. Ein Maler von Talente wird sie ohne Hinderniß, wie Guido an einem wohlgebauten Körper dahin=

dahinlaufen, nach den Gliedern gruppiren, und den Wuchs durchsehen lassen; er wird sie, wie Jouvenet; in reizende Parthien legen, und die Verschiedenheit der Zeuge daran wie Rubens mit den Farben des Regenbogens ausführen.

Der Zwang, welchen die Beybehaltung moderner Kleider aufleget, gehöret unter diejenigen Schwierigkeiten, die das Genie anfeuren sollen, sich eine neue Bahn zu brechen. Greuze unter andern, hat es nur neulich versuchet, das Bildniß seiner Gattinn in dem Anzuge einer Vestalinn zu malen. Wären die Porträtisten, nach diesem Beyspiele so wie sie itzt Stellungen und Gedanken, aus Armuth eigner Ideen, sich vorschreiben lassen, selbst Erfinder; zeigten sie pitoreske Entwürfe zu Porträten, führten sie einige derselben

selben reizend aus; so getraue ich mich, ihnen zu verheißen: diese dem Feuer des Künstlers wirklich nicht günstige Art von Bildnissen, werde gar bald verdränget werden.

Auf sie kömmt es eben sowohl an, sich der Sklaverey dieser einförmigen Stellungen zu entschütten, und ihrer Fähigkeit einen unbeschränkten Lauf in der Anordnung und Zusammensetzung der Gemälde zu lassen. Das Porträt ist entweder eine einzelne Figur: oder eine Gruppe.

Bey einer einzelnen Figur erwirbt der Künstler seiner Einsicht Ehre, wenn er diejenige Stellung zu wählen weis, die seinem Pinsel die vortheilhafteste Seite anbiet, und auf das Aug die angenehmste Wirkung machet.

Gewöhnlich verziehen unsre Porträtisten auf diese Ehre, und geben ihren Köpfen einerley Wendung, ihren Figuren einerley, oder beynahe einerley, und immer gezwungene Stellung; einen nach dem angenommen Einfalle des Lichts, rechts oder links gewendeten Stand, sitzend oder stehend; und stets mit einem Auge, das im Sitzen den Maler gefaßt hat, und auf eben diese Art, diejenigen in alle Winkel verfolget, die es betrachten.

Solche unbedeutende Stellungen vermehren den Frost eines kalten Gemäldes, und verhindern alles Feuer des Entwurfs und Erfindung. Der Künstler setze sich über dieses Gewöhnliche, oder wie ich es lieber nennen möchte, Althergebrachte hinweg! er gebe seiner Figur eine Handlung! er gebe seinen Köpfen einen Karakter, einen Ausdruck!

er

er habe das Herz sie in einer Gemüthsbewegung, zu fassen; in derjenigen Gemüthsbewegung, worinnen sich die unterscheidenden Stücke ihrer Bildung vortheilhaft hervorheben! er wisse, wie Lysippus, das Hängen des Halses an einem Alexander zu nutzen, oder wenigstens, wie Alkamenes das krumme Bein Vulkans so zu bemänteln, daß es nicht verunstalte!

Das war der Verstand eines Gesetzes der griechischen Künstler; Personen schöner, aber zugleich ähnlich zu machen * die Bildung in einem solchen Augenblicke zu fassen, wo ihre verschönernden Züge am sichtbarsten, die verunstaltenden verhüllet sind: eine Person mit einem großen Munde nicht lachend, eine stark emporragende Nase nicht

* Aristoteles Dichtkunst —

von der Seite zu zeigen. Aber die meisten Neuern verstanden dieses kluge, zur Ehre der Künstler gegebene Gesetz, schief, und zogen es auf eine gänzliche Abänderung der Gesichtszüge, der Verhältnisse, der Töne, zogen es auf eine grobe Schmeicheley hinaus, welche ein dreyßigjähriges Weib in ein Mädchen von funfzehen verjünget, die einen grauen Nestor in einen jugendlichen Achill verwandelt.

Diejenigen, welche von ferne möchten vernommen haben, daß man seinem Kopfe eine fröhliche Mine zu geben, trachten soll, glauben alles gethan zu haben, wenn sie den Mund gegen die Backen zurückziehen, und höchstens noch das Lächeln, durch ein Grübchen in den Wangen andeuten. Sie überlegen nicht, daß in dem einen Theile des Gesichtes keine Aenderung

derung geschehen könne, ohne in den übrigen Theilen eben so zu verfahren, oder in den Augen des Kenners sich der gröbsten Unwissenheit schuldig zu machen. Androns Bildsäule der Harmonie, war die Gottheit, welcher die Künstler Griechenlands vorzüglich opferten, um von ihr geleitet, die Grazie würdig zu bilden. Die Harmonie liegt in der lieblichen Uebereinstimmung aller Theile zu dem Ganzen.

Um von dem gewählten Beyspiele nicht zu weichen: wenn der Mund lachet, indem die übrigen Theile seiner Fröhlichkeit widersprechen; so entsteht eine Verzerrung, ein höhnendes Lächeln, wie das Lächeln Annibals bey dem demüthigenden Frieden seines Vaterlandes mit Rom. Der lächelnde Ausdruck muß gleich vom Anfange her angelegt werden; die Heiterkeit sich über alle Theile des Gesichts gleich verbreiten. Der Mund muß lächeln; aber auch der Blick, auch die Stirne, die ganze Bildung.

Der Ausdruck in einem Porträte, ist von dem historischen Ausdrucke unendlich unterschieden. Ich zweifle, ob die Kunstgenossen sich jemals so lange bey diesem Unterscheide verweilet, als es nöthig zu seyn scheint, die großen Schwierigkeiten abzuwiegen, welche bey dem ersten zu überwinden sind. Die Geschichte stellt die Personen immer in einem gewissen Punkte der Handlung vor, die mit einem wirkenden oder leidenden Zustande verknüpfet ist. Nach dieser Wirkung, oder Empfindung sind die Züge des Gesichts, und der Stand des Körpers merklich geändert. Diese Züge sind hervorstechend, kennbar, ge-

wissen

wissen Grundsätzen untetworfen; jede Leidenschaft hat ihre Bewegungen, „die Freu-
„de, der Verdruß, die Lust, der Schmerz
„bewegen jede Sehne, quillen in jeder
„Ader. Die Sehnsucht, die Liebe, der
„Haß und seine Wuth, haben ihre Züge,
„ihre Blicke, ihre Gebehrden, und zukom-
„menden Farben * Das Porträt hingegen
stellet den Menschen in der Ruhe seines Gemüths, oder in einer gelassenen Handlung
vor, welche in den Theilen der Bildung keine gewaltsame Veränderung veranlasset. Es
ist das Meer in seiner Stille, oder von einem

---

* La joie & le chagrin, le plaisir & la peine
Font mouvoir chaque Nerf, coulent dans chaque veine.
Les desirs, & l' amour, la haine & ses fureurs
Ont leurs traits, leurs regards, leurs gestes, leurs couleurs.

L' Art de peindre.

nem spielenden Weste so unmerklich beweget, daß es von der scheinbaren Stille wenig unterschieden ist.

Die Kunst fodert darum von ihm nicht weniger, als Vivien geleistet hat * daß sich in diesen ruhigen Zügen das Gemüth abbilde * * daß die feinen Kennzeichen des Geistes, das Uebergewicht der Neigung und wenn ich so sagen darf, die leisen Spuren des Temperaments und der herrschenden Leidenschaften * darinnen sichtbar erscheinen; daß ein Wahrsager, wie aus den Porträten des Apelles, daraus Glück und Unglück lesen könne.

Das

* Bardon Traité de la Peinture.
** Imago animi vultus est.
Cicero.

* Zur Erklärung dieser Stelle, bin ich den Künstlern zu einem Nachtrage von der Physiognomie in Absicht der Malerey verpflichtet. —

Das ist der eigentliche Ausdruck des Porträts, der sich zu dem historischen, wie die jugendliche Gestalt des Apollo, zu dem nervichten Seneka im Bade verhält; vielleicht ein Wunsch der Kenner, welche die höchste Vollkommenheit der Kunst im Gesichte haben; dem aber die meisten Porträtisten in ihrem Innern den Wunsch des komischen Malers entgegen setzen: daß diejenigen, welche sie zu malen haben, doch keine Physiognomie haben möchten, damit die Abbildung, an Empfindung und Geiste leer, dem Urbilde desto ähnlicher seyn möge!

Der verständige Künstler macht sich die Nebenverzierungen zu Nutze, nicht um an dieselben einen flammändischen Fleiß zu verschwenden, sondern dadurch seinen Ausdruck zu verstärken, um Lebhaftigkeit in seine Stellung

lung zu bringen, um seine einzelne Figur zu beschäfftigen, und, wenn ich so sagen darf, damit zu gruppiren. Die Würde, der Stand das Alter, das Geschlecht, geben ihm diese Nebenverzierungen an die Hand, worinnen die Künstler des Alterthums stets eine verstandvolle Wahl getroffen, und eine Bedeutung anzubringen gewußt haben. Aber ohne erst auf ihren Vorzug zurück zu sehen; so sind den Künstlern die Gemälde von Santerre, Rauolx, Greüze u. d. nicht unbekannt.

Warum sollte man in diesem Geschmacke z. B. ein Mädchen nicht einen Kranz für ihren Liebhaber winden, und in ihren Blicken die Sehnsucht, das Schmachten nach seiner verzögerten Ankunft herrschen? warum sollte man eine andre sich nicht vor dem Spiegel putzen, und in ihrem Auge

den

den schalkhaften Wunsch zu fässeln, lesen lassen? und warum sollte derjenige, der eine solche Handlung mit der erfoderten Niedlichkeit und Grazie ausführet, nicht eben die Foderung auf die Hochachtung der Kunst zu machen berechtiget seyn, als der Verfasser einer sich mordenden Lukretia, oder einer Madonna?

Ich bekenne gerne, daß solche Ausführungen nicht nach dem Maßstabe der alltäglichen Arbeiten belohnet werden müßen. Aber Kenner von gereinigter Empfindung, Verehrer des Talents, werden sich willig finden lassen, Kunst und Fleiß nach Würde zu belohnen. Und für diejenigen, welche nur ihr Bildniß verlangen, um sich gewissermaßen vervielfältiget zu sehen, für die, welche den Maler nach dem Tagwerke dün-

gen

gen wollen, für die mag ein . . . . . um eis nen Dukaten malen! Was sie immer für ihren hirnlosen Kopf zahlen, ist eine zu große Auslage —.

Wird es dem Künstler so gut, daß er ein Bild von mehreren Figuren zusammsetzen, daß er Familiengemälde ausführen soll; hier öffnet sich ihm das ganze Feld der Zusammsetzung. Er wisse, seine Figuren zu gruppiren! die Gruppen so zu ordnen, daß sie einander nicht verstellen, sondern sich wechselweise in der Handlung unterstützen! er stelle sie nicht, wie müßige Geschöpfe in einer Gothischen Reihe, lässig hin! oder setze sie in einen halben Kreis, um sie gleichsam nur zur Schau hinzusetzen! Die verschiedenen Beziehungen, und Abstände derjenigen, die Theile des Gemäldes ausmachen, werden ihm die Handlungen, die

die Empfindung, unter welcher er jede unter ihnen vorstellen soll, anzeigen. Ein Vater wird auf seine Familie mit Liebe sehen; eine Mutter wird ihren sorgfältigen Blick auf ein vor ihr spielendes Kind geheftet haben; ein kleiner Knab wird jugendlich muthwillig scherzen; ein anderer, wie dort Astianax, sich in die Falten seiner Mutter schmiegen. Ein Maler, der Gefühl hat, wird die reizendsten häuslichen Auftritte und Gesellschaftsstücke, in unendlicher Mannigfaltigkeit auszuführen wissen.

Räumt man ihm aber die Freyheit ein, selbst Dichter zu werden, und eine Geschichte aus der Fabellehre, oder eine Allegorie aus seiner eigenen Einbildung herüber zu nehmen, dann ist er ganz Maler der Geschichte: nach dem Beyspiele des Praxiteles,

der

der den Kopf der knidischen Venus nach seiner geliebten Kratina gebildet, behält er nur die Bildung des Gesichtes, und überläßt sich in den übrigen Theilen ganz dem Feuer seiner Erfindung.

Würde, Stand, Beschäfftigung laden die Erfindsamkeit zu einer Anstrengung ein, welche der späte Nachruhm, und die Unvergeßlichkeit belohnen. Ich masse mich nicht an, den Künstlern Anweisungen zu geben: ich führe zu ihrer Aneiferung nur einzelne Beyspiele an.

Das Bildniß Alexanders, wo der Held von Apelles als Jupiter der Donnerer vorgestellt worden,* trug zu dem Berühmtseyn dieses Künstlers eben soviel bey, als die

ge-

---

* Plin. H. N. LXXXV. C. 10.

gepriesene Venus, welche er bey seinem Tode unvollendet hinterließ, zu deren Vollendung niemand, weder von seinen Welteiferern, noch Nachfolgern Hand anzulegen den Muth hatte *

Das Bildniß des großen Conde in der Galerie zu Chantilly, ist würdig als ein Muster der allegorischen Zusammsetzung gepriesen zu werden. Die Kunstgenossen haben auf diese glänzende Erfindung keinen Anspruch: aber Poussin und Raphael würden sich gerne dazu bekennen; sagt der Abt du Bos** aus welchem ich die Beschreibung derselben entlehnen will. „Dieser Prinz ließ die Ge„schich-

* Nemo pictor inventus, qui Veneris eam partem, quam Apelles inchoatam reliquisset, absolveret: oris enim pulcritudo, reliqui corporis imitandi Spem auferebat.
Cicero.

** Krit. Betrach. über die Mal. und Dichtkunst.

„ſchichte ſeines Vaters, der in Europa
„ durchgängig unter dem Namen des groſ-
„ ſen Conde bekannt iſt, in die Gallerie von
„ Chantilly malen. Es fand ſich eine
„ Schwierigkeit bey der Ausführung seines
„ Vorhabens. Der Held war in ſeiner
„ Jugend mit den Feinden des Staats in
„ ein Intereſſe verwickelt geweſen, und
„ hatte einen Theil ſeiner ſchönen Thaten
„ verrichtet, als er noch nicht die Waffen
„ für ſein Vaterland führte. Es ſchien,
„ als dürfte man mit dieſen kriegeriſchen
„ Thaten in der Galerie zu Chantilly kein
„ Aufſehen machen wollen. Gleichwohl
„ waren einige davon, als der Entſatz von
„ Cambray und der Rückzug vor Arras
„ ſo glänzend, daß es einen Sohn, der die
„ Ehre ſeines Vaters liebte, ſehr kränken
„ mußte, ſelbige in dem Tempel, den er,

ſo

„ so zu reden, dem Andenken seines Vaters
„ aufrichtete, zu unterdrücken. Die Alten
„ würden gesagt haben: die Pietas habe
„ ihn regieret, und ihm ein Mittel eingege-
„ ben, das Gedächtniß dieser großen Tha-
„ ten, selbst dadurch zu verewigen, daß er
„ es vertilgen zu wollen schien. Er ließ
„ also die Muse der Geschichte malen, eine
„ allegorische, aber sehr bekannte Person,
„ die ein Buch hielt, aus dessen Rücken die
„ Worte standen: Leben des Prinzen
„ von Conde. Diese Muse riß Blätter
„ aus dem Buche, die sie zur Erde warf,
„ und man liest auf denselben: Entsatz von
„ Cambray; Entsatz der Stadt Valenci-
„ ennes; Rückzug von Arras; mit einem
„ Worte, die Titel aller schönen Thaten
„ des Prinzen von Conde, Zeit seines
„ Aufenthalts in den spanischen Niederlan-
„ ben

„den; Thaten, an denen alles rühmlich
„war, ausgenommen dieses, daß er sie
„für die unrechte Parthey verrichtete.

Ich setze die Poesie dieses Gemäldes ohne Bedenken der von Plinius, und Quintilian so hoch gepriesenen Opferung der Iphigenia an die Seite. „Timantes,
„sagt der letztere, hatte den Wahrsager Kal=
„chas betrübt, betrübter den Ulysses ge=
„schildert, und in Menelaus zu letzt den
„höchsten Schmerzen ausgedruckt, dessen
„die Kunst nur fähig war. Nach erschöpf=
„tem Ausdrucke Leidenschaften, behielt er
„nichts mehr für die Empfindungē Agamem=
„nons, welche die Empfindung aller ande=
„ren übersteigen mußte: er verhüllte also sein
„Haupt, und überließ es dem Zuschauer,
„das Leiden eines Vaters bey dem unglück=
„lichen

„lichen Opfer aus seinem eigenen Gefühle
„abzumessen.

Einen siegenden Fürsten vorzustellen, vor dem der Erdkreis schweigt, der sein Schwert zur Befreyung einer Nation gezücket hätte, schlägt Winkelmann* den Gedanken einer Schaumünze des Kommodus vor, wo die Bewohner des Aventinischen Berges in Rom, dem Herkules die Hand küssen, der zu ihrer Rettung den Räuber Kakus erleget hat.

Das epische Gemälde le Bruns, worinnen Ludwig der XIV. auf einem Wagen vorgestellet wird, der von der Viktoria geleitet, in seinem schnellen Laufe Städte zu Boden stürzt, und erschrockene Flüsse zurückbeben macht

* Versuch einer Allegorie.

macht, und ein anderes von Dumont auf den Frieden von 1749., wo der König den Oelzweig, so er aus Händen des vom Himmel steigenden Friedens empfängt, dem dankbaren Paris übergiebt,* dürfen die Nachbarschaft der prächtigen Idee Winkelmanns nicht im geringsten scheuen.

Aber es würde Verwegenheit seyn, dieser erhabenen Erfindung seinen eigenen Versuch an die Seite zu setzen, wenn man sich nicht am ersten über den großen Abstand bescheidete, und angehenden Künstlern ein anderes Beyspiel von dieser Gattung anzuführen wüßte.

Hätte also ein Maler ein Mädchen zu bilden, dem der Liebhaber durch das Gemälde seinem

* Bibl. d. sch. W. u. K. 8. B. 1. St.

seinen Wunsch, sie zu ehligen, erklären wollte; so möchte das Mädchen in einem Garten oder sonst einer freyen Scene der Handlung, in staunender, lässiger Stellung entworfen werden! Hymen, der sich von seinem jüngeren Bruder Amor durch eine nicht mehr kindische, sondern der schönen Jugend näher Gestalt unterschiede, und durch Sylphenflügel kennbar gemacht wäre, näherte sich dem staunenden Mädchen; und da er mit der einen Hand ihr das Bildniß ihres Geliebten vorhielte, bemühte er sich mit der andern, an ihrem Haupte den rosenfarbigten Schleyer, den gewöhnlichen Schmuck der römischen Bräute, zu befestigen. Ich wähle das Flammeum der Römer vor dem heutigen Trauringe, den man dem Mädchen durch den jugendlichen Gott der Ehen gleichfalls anbieten lassen, und ihm dadurch vielleicht

deut=

deutlich werden konnte. Ich fodre nicht, daß jede Braut die Gebräuche des Alterthums studiere: aber ich habe hier nicht sowohl sie, als die Ausführung des Künstlers vor Augen, der den mit dem Schleyer beschäfftigten Hymen frey und edel gruppiren könnte: doch es würde schwer seyn, den letzteren Gedanken in eine Gruppe zu bringen, wo die Figuren sich genugsam Platz machten, und nicht in eine zuschwere Masse zusammfielen.

Um wie viel schmeichelhafter müßte es dem schönen Geschlechte seyn, wenn Portätmaler, mit dem Genie eines Anakreons begabet, seine Reitzungen noch durch anmuthige Erfindungen erhöhen, und die Gestalt, welche die Welt der Zeitgenossen zu seinen Füssen gelegt, auch der Bewunderung der Nachwelt übergeben könnten! Danlaos Opfergaabe

an

an die Liebe, oder Greuzens junger Schäfer, der einen Versuch machet, zu erfahren ob er geliebt ist* würden sich eben so reizend zu Porträten haben ausführen lassen, als es nun idealische Figuren sind —

Auf diesem Wege steht dem Porträtmaler der Eingang in den Tempel des Geschmacks offen: Nur sey sein Anlaß sich der Kunst zu weihen, nicht der unedle Eigennutz! Ich setze der Beobachtung des Plinius: daß kein Sklave jemals in den Künsten vortrefflich gewesen, mit Zuversicht bey: daß der Eigennutz allein nie einen großen Künstler hervorgebracht habe. Er strebe, neben dem billigen Preise seiner Geschicklichkeit, nach dem Beyfalle derjenigen, deren Beyfall für die Künste Lohn und Ermunterung ist! sein Zeitalter sey seinem edeln Stolze zu enge! er blicke mit Sehnsucht

* Blb. der sch. W. am ang. Orte.

sucht in die Zukunft, und mache auf die E-
wigkeit einen kühnen Anspruch! aber er unterstütze diesen Anspruch auch durch seine
Werke! und arbeite, wie es Longin * dem
Schriftsteller empfihlt, wie einer, der vor dem
Richterstuhle der Nachwelt erscheinen, und
von Raphaelen, und Carraccen beurtheilet
werden will. Er vergeselle das Verdienst der
Aenlichkeit mit einer richtigen, edeln Zeichnung, mit einem wahrhaften Kolorite! er
vollende seine geistreiche Erfindung mit einem
leichten, lieblichen, und markichten Pinsel, mit
Freyheit, und Verstande, mit Geschmacke und

Em-

* Vom Erhabenen XII. Hauptst. Vorzüglich drü-
cken wir uns folgendes sehr wohl ein: was
würde Homer und Demosthenes von dem denken,
so ich sage wenn sie mich hörten? In der That
werden wir nicht wenig dadurch angeeifert werden, wenn wir uns in allem Ernste
vorstellen, daß wir von unsern Schriften vor
einer so berühmten Versammlung, und auf einer Schaubühne Rechnung geben sollen, wo
wir solche Helden zu Richtern haben werden —

Empfindung! und seine Stücke werden, wie die Meisterstücke der Geschichte, mit Sorgfalt und Bewunderung an die Nachkömmlinge überliefert werden.

In solchen Werken m. H. sind Sie verbunden, den Enkeln das Bildniß Theresiens einst zu überantworten, in deren göttlichem Antlitze, Huld und Erhabenheit der Seele in unverkennbaren Zügen geschildert sind, deren unsterbliche Thaten den verpflichteten Künsten zu den erhabensten Erfindungen unerschöpflichen Stoff anbieten.